NIENTE

IL REGALO
CHE
DESIDERAVI

Titulo originale: *Nichts: Das Geschenk, das Du Dir gewünscht hast* di Caroline Stern, BoD – Books on Demand, Norderstedt, 2018.
Copyright © 2018 by Caroline Stern
Copertina, traduzione e design di Caroline Stern, Berlin, Germania.
Stampato e pubblicato da BoD – Books on Demand, Norderstedt.
ISBN: 978-3-752-82030-0